R.E.I. Editions

Tutti i nostri ebook possono essere letti sui seguenti dispositivi:
- Computer
- eReader
- iOS
- Android
- Blackberry
- Windows
- Tablet
- Cellulare

Degregori & Partners

Gli aumenti di capitale

Quaderni di Finanza 5

ISBN 978-2-37297-3472
Disponibile anche in formato Ebook - ISBN: 978-2-37297-3823

Pubblicazione: 1 gennaio 2022
Copyright © 2022 R.E.I. Editions
www.rei-editions.com

I Quaderni di Finanza hanno lo scopo di promuovere la diffusione dell'informazione e della riflessione economico-finanziaria sui temi relativi ai mercati mobiliari nazionali e internazionali e alla loro regolamentazione.

Piano dell'opera

4

Degregori & Partners

Gli aumenti di capitale

Quaderni di Finanza (5)

R.E.I. Editions

Indice

Gli aumenti di capitale

Il capitale sociale rappresenta il valore delle somme e dei beni conferiti dai soci, a titolo di capitale di rischio, all'atto di costituzione della società. Esso è suddiviso in quote di pari valore che sono assegnate ai soci in proporzione alla parte di capitale da essi sottoscritta e versata. Nelle società per azioni il capitale sociale è suddiviso in un determinato numero di titoli (azioni), ognuno dei quali incorpora una determinata quota di partecipazione e i diritti sociali a essa relativi. Il capitale sociale è utilizzato anche come parametro per lo svolgimento di alcune attività delle società come la convocazione dell'assemblea che si costituisce quando è rappresentata almeno la metà del capitale sociale.

Viene chiamato anche capitale di rischio poiché, in caso di fallimento o liquidazione, è l'ultimo rimborsato dopo aver soddisfatto tutte le categorie di creditori. In questo senso costituisce una sorta di garanzia per il soddisfacimento dei debiti, mentre per l'azienda è la fonte di finanziamento per le operazioni.

- Il capitale sociale costituisce, quindi, la principale garanzia per i creditori della società; questi sono in realtà garantiti da tutto il patrimonio della società, ma se la società decide di operare con un capitale sociale che va ben oltre il minimo previsto dalla legge, darà un importante segnale all'esterno.

Se, ad esempio, una società ha un capitale sociale di 10 milioni di euro, o più, è come se volesse far intendere che tutto quel valore è stato "bloccato" per soddisfare i creditori, che potranno sempre contare su quel valore per soddisfare i loro crediti.

Accade, però, che spesso le società siano sottocapitalizzate, cioè abbiano un capitale sociale ben inferiore a quello che ci si aspetterebbe, avuto riguardo alle loro dimensioni e fatturato; fin quando la vita economica si svolgerà senza particolari problemi, la società potrà operare e indebitarsi, grazie al "buon nome" che è riuscita a conquistare. Quando, però, avrà delle difficoltà, il capitale sociale tornerà a essere il principale punto di riferimento per i creditori, soprattutto per quelli futuri, e per attirare nuovi creditori, o tranquillizzare quelli già esistenti; a questo punto, la società potrebbe aumentare il capitale sociale.

L'aumento di capitale è un atto di carattere straordinario nella vita di una società in quanto, andando a modificare il capitale sociale, determina una variazione dell'atto costitutivo e deve essere deliberato dall'assemblea in seduta straordinaria.

Attenzione, il capitale sociale può, anche, essere diminuito in alcuni casi:

- Se si registrano delle perdite pari a 1/3 di questo ammontare. Nel caso in cui, a seguito delle perdite, il capitale sociale sia inferiore alla soglia prevista per la forma giuridica dell'azienda, i soci devono prevedere anche una ricapitalizzazione che riporta la somma al valore richiesto. Per riduzioni meno importanti la decisione spetta alla singola società. La riduzione del capitale per perdite comporta l'adeguamento del capitale all'effettiva consistenza del patrimonio come conseguenza dei risultati negativi dell'attività sociale. La riduzione del capitale sociale è obbligatoria quando le perdite siano diminuito di oltre un terzo il capitale sociale e non siano state riassorbite nell'esercizio successivo. L'emersione di una perdita superiore al terzo, infatti, obbliga gli amministratori (e nella società per azioni, in caso di loro inerzia, il collegio sindacale o il consiglio di sorveglianza) a convocare l'assemblea con urgenza per i dovuti provvedimenti; gli amministratori stessi devono sottoporre all'assemblea una relazione con le osservazioni dell'organo di controllo o del soggetto incaricato alla revisione legale dei conti da depositare in copia nella sede della società negli otto giorni precedenti la convocazione. Se entro l'esercizio successivo la perdita non risulta diminuita a meno di un terzo, l'assemblea (o il consiglio di sorveglianza) che approva il bilancio, deve ridurre il capitale in proporzione alle perdite accertate e in tal caso per le società per azioni tale delibera è presa eccezionalmente dall'assemblea ordinaria. Qualora le azioni siano prive di valore nominale la riduzione può essere deliberata dal consiglio di amministrazione. Qualunque sia l'organo che l'ha adottata, la delibera di riduzione del capitale per perdite deve essere depositata per l'iscrizione nel registro delle imprese. Se non viene deliberata la riduzione, vi può provvedere il tribunale su richiesta dell'organo di controllo o l'organo incaricato della revisione dei conti. Se, in conseguenza della perdita superiore a un terzo, il capitale scende al di sotto del limite legale, deve essere convocata con urgenza l'assemblea per deliberare la riduzione e il contemporaneo aumento del capitale sociale fino a una cifra non inferiore al minimo o la trasformazione della società, in mancanza di ciò la società si scioglie.

- Se alcune azioni non vengono vendute o se alcuni azionisti decidano di lasciare la società.
- Se i beni contribuiti hanno un valore inferiore a 1/5 di quello che dovrebbero avere data la natura della società.
- Annullamento di azioni.

Il capitale sociale può essere diminuito in vari modi:
- Restituzione delle contribuzioni ai soci.
- Acquisto e annullamento delle azioni.
- Rimborso ai titolari delle azioni scelte tramite sorteggio e distribuzione di azioni di godimento.

Il capitale sociale rimane immutato nel corso della vita della società fino a quando, con modifica dell'atto costitutivo, non si decide di aumentarlo o di ridurlo. L'aumento di capitale si realizza o con la modifica del patrimonio netto (aumento a pagamento) o con la semplice imputazione di riserve o fondi di bilancio in quanto disponibili (aumento gratuito).

In entrambi i casi, l'aumento può aver luogo con l'emissione di nuovi titoli o con l'incremento del valore nominale delle vecchie azioni.

Per poter procedere con un aumento del capitale occorre:

- Stabilire l'entità delle risorse necessarie, tenuto conto del costo sopportabile, delle disponibilità e del costo di fonti alternative, della ricettività del mercato.
- Determinare le caratteristiche dell'operazione (tipologia dell'aumento e dei titoli offerti).
- Eseguire gli adempimenti di legge e regolamentari richiesti.
- Organizzare ed eseguire l'aumento nei suoi dettagli operativi (individuazione degli intermediari coinvolti nella fase di raccolta delle adesioni).

I titoli devono essere offerti in opzione ai soci, e ai possessori di obbligazioni convertibili nella SPA, in proporzione delle azioni possedute (e ai possessori di obbligazioni convertibili sulla base del rapporto di cambio) per consentire ai soci di mantenere inalterata la loro quota di partecipazione e ai possessori di obbligazioni convertibili di mantenere inalterato il cosiddetto rapporto di cambio: numero di azioni nuove assegnate per ogni vecchia azione. Ogni azionista, in base al numero di azioni possedute, può decidere se aderire all'aumento, esercitando i propri diritti, chiamati diritti di opzione, automaticamente acquisiti in base al numero di azioni possedute, oppure no, vendendo i propri diritti ad altri che possono aderire al suo posto all'aumento di capitale sociale. L'aumento del capitale oneroso, nel silenzio della delibera, è inscindibile ma è ben possibile che i soci ne prevedano la scindibilità. In pratica se l'aumento è inscindibile, esso non viene attuato finché non è integralmente sottoscritto; viceversa, nel caso di scindibilità, l'aumento sarà attuato per un importo pari alle sottoscrizioni raccolte alla fine dell'operazione. È altresì possibile, con modalità che variano a seconda che si tratti di SPA o di SRL, che sia previsto altresì un diritto di prelazione per le azioni rimaste inoptate.

- Una volta deliberato l'aumento di capitale, la società procede all'emissione delle nuove azioni, che sono offerte in opzione ai soci in maniera proporzionale ai titoli posseduti, attraverso il diritto di opzione, al fine di mantenere inalterato il potere decisionale in ambito sociale o di essere compensati dalle eventuali perdite patrimoniali conseguenti all'operazione.

Tale diritto viene attribuito anche ai possessori delle obbligazioni convertibili attraverso il rapporto di cambio e ai possessori di warrant.

Gli aumenti di capitale possono essere realizzati mediante tre modalità:

- Aumenti di capitale a pagamento, quando comportano un aumento del patrimonio netto e quindi dei mezzi a disposizione. Gli aumenti di capitale a pagamento vengono effettuati quando si vuole ricapitalizzare la società o per finanziare un ampliamento della attività o per diminuire l'indebitamento, quando questo ha assunto una dimensione eccessiva rispetto al capitale proprio. Non possono essere effettuati aumenti se le azioni in circolazione non sono state interamente liberate.

- Aumento di capitale gratuito, quando non comporta una variazione del patrimonio netto e i mezzi a disposizione rimangono invariati. Le finalità sottese all'aumento di capitale "gratuito" possono essere diverse; in primis, sovente accade che l'aumento di capitale gratuito sia affiancato da un contestuale aumento a pagamento, così da invogliare e stimolare i soci alla sottoscrizione della parte di aumento con nuovi conferimenti. In secondo luogo, l'operazione può essere collegata alla volontà di accrescere il prestigio e il credito della società, o ancora per soddisfare un vincolo di legge che richiede in capitale sociale minimo per poter svolgere alcune attività, quali, ad esempio, quelle bancarie ed assicurative.

- Aumento di capitale in forma mista, che sono una combinazione dei due precedenti. Per forma mista, nell'accezione più ampia dell'espressione, si intende il caso in cui l'emittente colloca (offre) prodotti finanziari diversi e riguarda sia il collocamento di obbligazioni convertibili e/o warrant, sia il contemporaneo collocamento di azioni a pagamento e azioni totalmente gratuite. Si noti fin da subito che il diritto gratuito non è negoziabile.

Aumento di capitale a pagamento

Costituisce la fattispecie più diffusa e avviene quando la sottoscrizione di nuove azioni è subordinata al pagamento di un corrispettivo, fissato in base a un prezzo di collocamento delle nuove azioni, che è compreso tra il valore nominale e quello di mercato; ovviamente, infatti, non si è disposti a sottoscrivere azioni per un valore superiore al prezzo di mercato.

Data l'equivalenza:

Capitale sociale = Numero azioni x Valore nominale

Per aumentare il capitale sociale occorre quindi:
- Aumentare il valore nominale delle vecchie azioni (caso abbastanza raro).
- Aumentare il numero delle azioni emettendone delle nuove (caso più comune).

L'aumento del capitale sociale può, a sua volta, avere luogo:
- Mediante conferimenti. L'aumento di capitale mediante conferimenti si realizza quando la sottoscrizione delle azioni di nuova emissione implica l'obbligo di effettuare nuovi conferimenti in natura.
- Mediante conversione di obbligazioni. L'aumento di capitale può avvenire anche mediante conversione di obbligazioni in azioni, come esplicitamente previsto dall'articolo 2420-bis c.c.

In tal caso, l'aumento di capitale deve essere deliberato contestualmente all'emissione del prestito obbligazionario convertibile. Gli amministratori, alla scadenza del diritto di opzione per la conversione delle obbligazioni in azioni, limitatamente alla parte per la quale è stato esercitato il diritto di opzione, riducono il valore nominale del prestito obbligazionario e aumentano, in misura equivalente, il capitale sociale.

La competenza spetta all'assemblea straordinaria, ma la legge pone un primo limite all'aumento di capitale; si è stabilito, infatti, che l'aumento di capitale non può essere eseguito finché le vecchie azioni non siano completamente liberate, cioè fino a quando i soci non abbiano effettivamente eseguito i conferimenti promessi all'atto della sottoscrizione delle azioni, e ciò per evitare che si formi un capitale che è in gran parte costituito da crediti verso i soci. L'aumento di capitale gratuito, per contro, essendo per sua natura incompatibile con un'esecuzione differita, risolvendosi in una mera imputazione contabile, può essere deliberato e attuato anche in presenza di azioni non integralmente liberate.

La delibera, anche se presa dagli amministratori, deve anche fissare un termine, non inferiore a trenta giorni, entro il quale le sottoscrizioni dovranno essere raccolte.

- A questo punto sarà necessario che le azioni emesse siano sottoscritte e chi vi siano i conferimenti, che possono avvenire in denaro, e allora si verserà il solito 25% del valore nominale

delle azioni sottoscritte, ma direttamente alla
società, e non a una banca.

Se c'è un sovrapprezzo, (perché le azioni delle società
possono avere un valore di mercato superiore a quello
nominale) dovrà essere interamente versato (art. 2439). Ma
come sappiamo, la S.p.A. può essere anche unipersonale, e
allora l'unico socio, che ha sottoscritto anche tutte le
azioni di nuova emissione, dovrà anche versare l'intero
conferimento.
È possibile conferire anche beni in natura o crediti, e
allora, come accade quando si costituisce la società, si
dovrà effettuare l'intero conferimento con annesso
procedimento di stima.
Quando la società emette nuove azioni, non è poi detto che
riesca a trovare un numero sufficiente di sottoscrittori, e
può quindi accadere che vi sia sottoscrizione, ma solo
parziale (art. 2439). La delibera di aumento di capitale
deve prevedere un termine entro il quale le azioni devono
essere sottoscritte, ma può anche succedere che, maturatosi
il termine, non tutte le azioni abbiano trovato sottoscrittori.
In tal caso:

- La delibera aveva già previsto tale eventualità, e
  l'aumento di capitale vi sarà solo per l'importo
  corrispondente alle azioni sottoscritte.
- La delibera non aveva previsto tale eventualità; in
  tal caso non si procederà all'aumento di capitale, i
  sottoscrittori sono liberi dall'effettuare ulteriori
  conferimenti e gli dovranno essere restituiti quelli
  già effettuati.

Se la delibera è rispettata, gli amministratori, nei trenta giorni dall'avvenuta sottoscrizione delle azioni di nuova emissione, dovranno depositare nel registro delle imprese un'attestazione dove si dichiara che l'aumento è stato realmente conseguito. Solo dopo l'iscrizione la società potrà menzionare negli atti della società il nuovo valore del capitale sociale.

L'assemblea deve determinare il prezzo di emissione delle azioni non in relazione al loro valore nominale, ma in base al valore del patrimonio netto, tenendo conto, per le azioni quotate, anche dell'andamento delle quotazioni nell'ultimo semestre; da questi parametri può pertanto derivare l'obbligatorietà del c.d. sovrapprezzo.

- Abbiamo visto che l'aumento di capitale è deliberato dall'assemblea straordinaria, e ciò si spiega con il fatto che si tratta di una decisione importante per la società, che non può essere lasciata alla competenza degli amministratori. È anche vero, però, che se si decide di procedere all'aumento a pagamento, ci si dovrà porre anche il problema di collocare le azioni di nuova emissione, e quindi scegliere il momento opportuno per aumentare il capitale e sperare che le nuove azioni siano sottoscritte.

Una decisione del genere deve essere presa rapidamente e con buona conoscenza della situazione di mercato, e l'assemblea straordinaria, con tutte le lungaggini dovute alla sua convocazione e decisioni, porrebbe non essere in grado di decidere nei momenti e nei tempi più opportuni.

Principalmente per questi motivi, l'art. 2443 permette che l'aumento di capitale sia affidato, e quindi delegato, agli amministratori, ma a determinate condizioni:

- La delega è possibile solo per scelta statutaria.
- Se originariamente lo statuto non prevedeva la delega, sarà necessario modificare lo statuto con delibera dell'assemblea straordinaria.
- Gli amministratori potranno aumentare il capitale per il periodo massimo di cinque anni dalla data della delibera.
- Il verbale della delibera degli amministratori di aumentare il capitale deve essere redatto da un notaio e deve essere depositato e iscritto a norma dall'articolo 2436, cioè secondo le regola previste per l'iscrizione delle delibere che modificano lo statuto.

Sarà quindi lo statuto a prevedere tale facoltà riservata agli amministratori, anche se la previsione deve essere comunque accompagnata da ulteriori limitazioni.

- In primo luogo non è ammissibile una delega senza limite di valore; in altre parole lo statuto dovrà determinare l'ammontare dell'aumento.
- La delega, poi, non può essere conferita senza limiti di tempo; è stabilito, infatti, il periodo massimo di cinque anni dalla data dell'iscrizione della società nel registro delle imprese, ma si ritiene che sia possibile rinnovare la delega.
- Lo statuto può, infine, prevedere che l'aumento avvenga in una o più volte. Quest'ultima previsione

si spiega considerando che, potendo aumentare il capitale in più volte, gli amministratori saranno in grado di scegliere il momento più opportuno per collocare le nuove azioni nel mercato.

- Agli amministratori può essere attribuito anche il potere di eliminare o limitare il diritto di opzione, e ancora, scegliere di aumentare il capitale attraverso conferimenti in natura.

Quando si aumenta il capitale attraverso conferimenti in natura, il diritto di opzione è escluso, e sappiamo anche che sarà necessaria la valutazione di un esperto nominato dal tribunale. Gli amministratori, tuttavia possono decidere di non avvalersi della relazione dell'esperto, e di scegliere, invece, la procedura dell'art. 2343 ter. Se faranno tale scelta il conferimento non può avere efficacia, salvo che comporti il consenso di tutti i soci, prima del decorso del termine di trenta giorni dall'iscrizione nel registro delle imprese della delibera di aumento. Negli stessi trenta giorni, poi, uno o più soci che rappresentano, e che rappresentavano alla data della delibera di aumento del capitale, almeno il ventesimo del capitale sociale, nell'ammontare precedente l'aumento medesimo, possono richiedere che si proceda, su iniziativa degli amministratori, a una nuova valutazione secondo la procedura ordinaria prevista dall'art. 2343, cioè quella che prevede la nomina di un esperto nominato dal tribunale.

- Naturalmente, avvenuta l'emissione delle nuove azioni, tutti i titoli avranno lo stesso prezzo compreso tra quello delle vecchie azioni e quello di emissione delle nuove.

Il nuovo valore dei titoli è, quindi, inferiore a quello precedente essendo riferito però a un numero maggiore di titoli. L'azionista della società può decidere di sottoscrivere le nuove azioni, esercitando il diritto di opzione, oppure può vendere sul mercato il diritto di opzione relativo in modo da compensare la perdita di valore delle sue azioni.

Le motivazioni che spingono una società a effettuare un aumento di capitale a pagamento sono due:

- Reperire liquidità per investimenti.
- Ricostituire il capitale sociale a causa di una situazione finanziaria negativa.

Se l'aumento di capitale è fatto per permettere alla società di fare nuovi investimenti questo probabilmente in futuro farà aumentare il valore dell'azione e dunque ci sono le prospettive per investire e sottoscrivere nuove azioni.

Viceversa, se l'aumento di capitale serve per risollevarsi da una situazione finanziaria negativa è probabile che l'azionista decida di vendere i suoi diritti di opzione.

L'aumento di capitale a pagamento è anche detto reale in quanto comporta, accanto all'incremento del capitale nominale della società, un incremento reale del patrimonio della stessa, in virtù dei nuovi conferimenti.

- Per i diritti non esercitati la società emittente può poi decidere di effettuare una seconda operazione, rimettendo sul mercato i diritti inoptati. In questo caso i diritti si possono solo acquistare per poi procedere all'esercizio degli stessi.

L'aumento del capitale sociale a pagamento mediante denaro, conferimento di aziende o di altri beni esclusi gli immobili, i diritti reali immobiliari e le unità da diporto, sconta l'imposta di registro in misura fissa di 200 euro.
L'aumento del capitale sociale a pagamento effettuato mediante conferimento di immobili e di diritti reali immobiliari sconta l'imposta in misura proporzionale:

- 9% fabbricato abitativo esente o non soggetto IVA
- 200 euro fabbricato abitativo soggetto a IVA
- 4% fabbricato destinato ad attività commerciali non suscettibile di altra destinazione senza radicale trasformazione nonché aree da destinare alla costruzione di un fabbricato della stessa natura purché ultimato entro 5 anni
- 200 euro fabbricato destinato ad attività commerciali non suscettibile di altra destinazione senza radicale trasformazione soggetto a IVA
- 12% terreni agricoli
- 200 euro aree edificabili soggette a IVA.

La presenza di perdite superiori al terzo del capitale, anche tali da ridurre il capitale a un importo inferiore al minimo legale previsto per le s.p.a. e le s.r.l., non impedisce l'assunzione di una deliberazione di aumento del capitale che sia in grado di ridurre le perdite a un ammontare inferiore al terzo del capitale e di ricondurre il capitale stesso, se del caso, a un ammontare superiore al minimo legale.
E', dunque, legittimo l'aumento di capitale:

- In caso di perdite incidenti sul capitale per non più di un terzo.

- In caso di perdite incidenti sul capitale per più di un terzo, se il capitale non si sia ridotto al di sotto del minimo legale.

- In caso di perdite incidenti sul capitale per più di un terzo, se il capitale non si sia ridotto al di sotto del minimo legale, in qualsiasi momento antecedente l'assemblea di approvazione del bilancio dell'esercizio successivo rispetto a quello in cui le perdite sono state rilevate.

- In caso di perdite incidenti sul capitale per più di un terzo, se il capitale non si sia ridotto al di sotto del minimo legale, in sede di assemblea di approvazione del bilancio dell'esercizio successivo rispetto a quello in cui le perdite sono state rilevate, a condizione che si tratti di un aumento di capitale da sottoscrivere tempestivamente in misura idonea a ricondurre le perdite entro il terzo.

- In caso di perdite incidenti sul capitale per più di un terzo, se il capitale si sia ridotto al di sotto del minimo legale, a condizione che si tratti di un aumento di capitale da sottoscrivere tempestivamente in misura idonea a ricondurre le perdite entro il terzo.

In ogni caso, l'aumento di capitale non esime dall'osservanza degli obblighi, in presenza dei quali la situazione patrimoniale rilevante le perdite, se non già pubblicizzata, deve essere allegata al verbale, o comunque con lo stesso depositata nel registro delle imprese.

Il sovrapprezzo azioni

Il sovrapprezzo di un'azione è dato dalla differenza tra il suo valore di emissione e il valore nominale.

Il linea di massima la determinazione del valore di emissione delle azioni è lasciata alla discrezionalità della società emittente, tenuto conto che non è mai possibile effettuare emissioni di azioni sotto la pari, cioè con un valore di emissione inferiore al valore nominale.

Sono, invece, ammissibili le:

- Emissioni alla pari, cioè con valore di emissione pari al valore nominale, e quindi prive di sovrapprezzo.

- Emissioni sopra la pari, cioè con valore di emissione superiore al valore nominale, e quindi con sovrapprezzo.

La determinazione di tale valore deve essere effettuata nel rispetto di quanto stabilito negli articoli 2343 e 2441 del codice civile. Ciò premesso, occorre osservare che il codice civile non fornisce precise indicazioni circa le modalità che dovrebbero essere utilizzate dalla società nel determinare il sovrapprezzo.

Secondo la dottrina prevalente il sovrapprezzo ha come finalità quella di evitare ai soci, precedenti all'aumento del capitale sociale, una riduzione del valore della propria partecipazione.

Esempio

Situazione precedente all'aumento del capitale sociale:
- Capitale sociale: 120.000 euro rappresentato da 12.000 azioni del valore nominale di 10 euro l'una.
- Riserva legale: 24.000 euro.
- Riserva facoltativa: 10.000 euro.
- Patrimonio Netto: 154.000.

Valore di una azione:

Patrimonio netto 154.000 / numero di azioni 12.000 =
12,83

Questo è il valore patrimoniale di un'azione prima dell'aumento del capitale sociale.

Situazione successiva all'aumento del capitale sociale:
- Emesse 10.000 nuove azioni alla pari.
- Capitale sociale: 220.000 euro rappresentato da 22.000 azioni del valore nominale di 10 euro l'una.
- Riserva legale: 24.000 euro.
- Riserva facoltativa: 10.000 euro.
- Patrimonio Netto: 254.000 euro.

Valore di una azione:

Patrimonio netto 254.000 / numero di azioni 22.000 =
11,54

Questo è il nuovo valore patrimoniale di un'azione dopo l'aumento del capitale sociale.

Esempio

Situazione precedente all'aumento del capitale sociale:
- Capitale sociale: 120.000 euro rappresentato da 12.000 azioni del valore nominale di 10 euro l'una.
- Riserva legale: 24.000 euro.
- Riserva facoltativa: 10.000 euro.
- Patrimonio Netto: 154.000.

Valore di una azione:

Patrimonio netto 154.000 / numero di azioni 12.000 = 12,83

Questo è il valore patrimoniale di un'azione prima dell'aumento del capitale sociale.

Situazione successiva all'aumento del capitale sociale:
- Emesse 10.000 nuove azioni al valore di emissione di 12,83 euro l'una.
- Capitale sociale: 220.000 euro rappresentato da 22.000 azioni del valore nominale di 10 euro l'una.
- Riserva legale: 24.000 euro.
- Riserva facoltativa: 10.000 euro.
- Riserva da sovrapprezzo azioni: 28.300 euro.
- Patrimonio Netto: 282.300 euro.

Valore di una azione:

Patrimonio netto 282.300 / numero di azioni 22.000 =
12,83

Questo è il nuovo valore patrimoniale di un'azione dopo l'aumento del capitale sociale.

Come si può notare, prevedendo un adeguato sovrapprezzo azioni, il valore delle azioni non varia in seguito all'operazione di aumento del capitale sociale.
Il sovrapprezzo, infatti, permette alla società di mantenere inalterato il valore unitario patrimoniale di ciascuna azione.
La riserva da sovrapprezzo azioni rappresenta l'ammontare dei conferimenti che i soci si sono obbligati a effettuare nei confronti della società in sede di aumento del capitale sociale a pagamento, che eccede il valore nominale delle azioni sottoscritte. In bilancio tale riserva compare nel passivo dello Stato patrimoniale; In questa voce occorre indicare:

- L'eccedenza del prezzo di emissione delle azioni rispetto al loro valore nominale.
- Le differenze che emergono in seguito alla conversione delle obbligazioni in azioni.

Da un punto di vista aziendalistico, il "sovrapprezzo" azioni, in presenza di operazioni di aumento di capitale a pagamento, tutela il valore economico unitario delle azioni, mantiene inalterato il rapporto tra il valore contabile e il valore economico del capitale dell'azienda.

Ne consegue che la determinazione del prezzo finale di emissione delle nuove azioni è solitamente influenzata dai seguenti elementi:

- Il valore nominale delle azioni: capitale sociale diviso il numero delle azioni già emesse.
- Il conguaglio dividendo: utile in corso di maturazione nell'esercizio in cui viene deliberato l'aumento di capitale diviso il numero delle azioni già emesse.
- Il sovrapprezzo: somma delle riserve e dell'avviamento diviso il numero delle azioni già emesse.

Quanto sopra può essere espresso attraverso la seguente formula:

$$PAN = (CS + U + RS + A) / NVA$$

dove:

- PAN = prezzo azioni nuove
- CS = Capitale sociale
- U = Utile
- RS = Riserve
- A = Avviamento
- NVA = Numero vecchie azioni

Il "sovrapprezzo" può quindi essere determinato come segue:

$$S = [\,W\,(NVA + NNA)]\,/\,NVA - W - ACS$$

dove:

- S = Sovrapprezzo.
- W = Valore economico.
- NVA = Numero vecchie azioni.
- NNA = Numero nuove azioni.
- ACS = Aumento del capitale sociale.

Aumento di capitale gratuito

L'aumento di capitale gratuito avviene assegnando gratuitamente nuove azioni ai vecchi azionisti con un rapporto di cambio prestabilito. La decisione è presa dall'assemblea straordinaria. L'aumento gratuito può essere effettuato anche intervenendo sul valore nominale delle azioni esistenti aumentandolo. L'aumento si ottiene trasferendo semplicemente delle quote di bilancio dalla voce "riserve" alla voce "capitale sociale"; in questo caso non si ha variazione nel patrimonio sociale e, quindi, non vengono applicate le norme dirette ad assicurare l'effettività dei conferimenti o che subordinano l'aumento del capitale all'esecuzione dei conferimenti.

Nel caso in cui si emettano nuove azioni, il valore del titolo in Borsa scenderà poiché, evidentemente, lo stesso capitale risulterà frazionato su un numero maggiore di azioni.

- L'investitore deve però fare attenzione al fatto che la discesa è solo apparente in quanto il minor valore di mercato dell'azione è compensato da un maggior numero di titoli in possesso degli azionisti.

Le finalità sottese all'aumento di capitale gratuito possono essere diverse: in primis, sovente accade che l'aumento di capitale gratuito sia affiancato da un contestuale aumento a pagamento, così da invogliare e stimolare i soci alla sottoscrizione della parte di aumento con nuovi conferimenti. In secondo luogo, l'operazione può essere collegata alla volontà di accrescere il prestigio e il credito della società, o ancora per soddisfare un vincolo di legge che richicde in capitale sociale minimo per poter svolgere alcune attività, quali, ad esempio, quelle bancarie e assicurative.

In merito alle riserve utilizzabili per l'incremento del capitale sociale, è possibile "attingere" da quelle elencate di seguito:

- Riserva sovrapprezzo azioni: tale posta di bilancio, che si forma in caso di emissione di nuove azioni a un prezzo superiore rispetto al valore nominale, non può essere distribuita fino a che la riserva legale non abbia raggiunto "il quinto" della riserva legale. Tuttavia, non sussistono particolari vincoli all'utilizzabilità della stessa per l'aumento di capitale sociale.

- Riserva di rivalutazione monetaria.

- Riserve statutarie prive di una specifica destinazione, cosiddette "generiche".

- Riserve statutarie con una specifica destinazione, quai, ad esempio, riserva per rinnovo impianti, per manutenzioni cicliche, a condizione che l'assemblea straordinaria provveda preliminarmente a modificare la destinazione prevista nello statuto.

- Riserve facoltative: sono accantonamenti di utili "generici", e quindi non presentano particolari vincoli all'utilizzo.

- Riserve costituite con versamenti dei soci: versamenti in contro capitale, in conto futuro aumenti del capitale, a fondo perduto.
- Riserva legale, per la parte "disponibile", ossia per l'importo che eccede il quinto del capitale sociale (tale questione è stata oggetto di diverse sentenze). Si ricorda, infatti, che la citata disposizione normativa, al comma 1, prevede che "dagli utili netti annuali deve essere dedotta una somma corrispondente almeno alla ventesima parte di essi per costituire una riserva, fino a che questa non abbia raggiunto il quinto del capitale sociale".
- Riserve utili esercizi precedenti.
- Riserve tassate.
- Riserve da condono.
- Riserva di fusione.
- Fondo conguaglio di dividendi.
- Utili portati a nuovo.

L'aumento gratuito del capitale sociale può avvenire secondo una delle due seguenti modalità:
- Emissione di nuove azioni e successiva assegnazione gratuita delle stesse: ai sensi dell'art. 2442 del Codice Civile, l'aumento può avvenire mediante emissione di nuove azioni aventi le stesse caratteristiche di quelle in circolazione e successiva loro assegnazione gratuita agli azionisti in proporzione alle azioni dagli stessi possedute, così da mantenere invariata la posizione dei singoli azionisti all'interno della società. Non si applica la

disciplina del diritto di opzione, tipica degli aumenti di capitale a pagamento.

- Aumento del valore nominale delle azioni già in circolazione: si consente al socio di mantenere la stessa quota di partecipazione in società che aveva prima dell'operazione, accrescendo il valore nominale delle azioni possedute. Posto che lo statuto può prevedere che le azioni siano emesse senza indicazione del valore nominale, verificandosi questo caso, per attuare l'aumento, si deve risalire al valore nominale inespresso, dividendo l'ammontare del capitale sociale per il numero delle azioni.

Gli aumenti gratuiti di capitale sociale sono virtuali in quanto non fanno variare il patrimonio netto dal momento che non affluiscono nuovi mezzi. L'aumento è effettuato utilizzando le riserve: si tratta quindi di un giroconto contabile. La riserva legale e quella statutaria possono essere utilizzate solo per eccedenza di quanto previsto dal codice civile o dallo statuto. Con l'aumento gratuito del capitale sociale, ogni possessore di azioni oggetto dell'operazione riceve gratuitamente nuove azioni nella ragione comunicata dalla società emittente, senza dover esercitare alcun diritto. Pertanto, il valore teorico del diritto è nullo per definizione.

I motivi degli aumenti gratuiti possono essere svariati:

- Per aumentare il numero di azioni in circolazione in modo tale da creare un aumento degli scambi.

- Quando l'azienda non è in grado di distribuire dividendi elevati per non deludere le attese degli investitori.
- Per riequilibrare il rapporto capitale sociale - riserve quando queste hanno raggiunto un peso eccessivo rispetto al primo.

Per aumentare il capitale sociale devono essere emesse nuove azioni che vengono date gratuitamente ai soci in proporzione alle vecchie azioni possedute.

Il valore teorico delle azioni in seguito a un aumento del capitale gratuito si calcola utilizzando la seguente formula:

$$PX = V * PC / (V + N)$$

$$D = PX * (N / V)$$

dove :

- PX = prezzo post aumento di capitale.
- V = numero azioni vecchie.
- PC = prezzo ante aumento di capitale.
- N = numero azioni nuove.
- D = diritto teorico.

Esempio

Aumento di capitale gratuito con assegnazione di 1 azione nuova gratis ogni 5 azioni vecchie.

Ultimo prezzo (PC) 9 euro.

$$PX = (5*9) / (5+1) =$$
$$45 / 6 = 7,5$$

$$D = 7,5 * (1 / 5) = 1,50$$

Aumento di capitale in forma mista

Terza e ultima modalità con la quale effettuare l'operazione è l'aumento di capitale in forma mista. Come suggerisce il termine, l'operazione sul capitale è composta da un'offerta di titoli a pagamento e da un'assegnazione gratuita di nuove azioni. Accade di frequente che gli aumenti di capitale siano operati utilizzando la forma mista.

- Per forma mista, nell'accezione più ampia dell'espressione, s'intende il caso in cui l'emittente colloca (offre) prodotti finanziari diversi e riguarda sia il collocamento di obbligazioni convertibili e/o warrant, sia il contemporaneo collocamento di azioni a pagamento e azioni totalmente gratuite.

Le formule viste precedentemente per la valutazione del prezzo ex delle azioni (prezzo post aumento) e del valore teorico del diritto di opzione devono essere opportunamente riviste per tener conto di tutti i fattori in gioco.
In ogni caso, si consideri che:
- Il prezzo ex è la media ponderata delle quotazioni dei singoli titoli e dei costi di sottoscrizione.
- Il valore del diritto globale di opzione è la somma dei singoli diritti di opzione corrispondenti a ciascun prodotto di nuova emissione.

La tipologia di aumenti in forma mista più frequente e più nota è quella che vede l'emissione di un solo tipo di azioni in parte a pagamento e in parte gratuito.
In questo caso, le formule da utilizzare sono:

$$PTAex = [(NAV * PAcum) + (NANpag * CS)$$

$$+ (NANgr * 0)] / (NAV + NANpag + NANgr)$$

dove:

- PTAex è il prezzo teorico di equilibrio post aumento di capitale.
- NAV è il numero delle azioni vecchie.
- PAcum è il prezzo di mercato ante aumento di capitale.
- NANpag è il numero di azioni nuove a pagamento.
- CS è il prezzo di sottoscrizione.
- NANgr è il numero di azioni nuove gratuite.

e:

$$DOTtot = DOTpag + DOTgr$$

dove:

- DOTtot è il valore teorico totale del diritto di opzione.
- DOTpag è il valore teorico del diritto di opzione a pagamento.
- DOTgr è il valore teorico del diritto di opzione gratuito.

con:

$$DOTpag = (PTAex - CS) \times (NANpag / NAV)$$

$$DOTgr = (PTAex) \times (NANgr / NAV)$$

Maggiore complessità presentano le offerte di obbligazioni convertibili e/o warrant.

- Nel caso delle obbligazioni convertibili, il possessore può, entro una data scadenza e secondo un predeterminato rapporto di cambio, ricevere l'azione al posto dell'obbligazione, che a quel punto torna in possesso dell'emittente e cessa di esistere.
- Nel caso del warrant, invece, l'investitore è in possesso di un'opzione call, che gli attribuisce la facoltà di acquistare l'azione a un prezzo stabilito, entro un determinato periodo e secondo un prestabilito rapporto di cambio.

Nei casi sopra esposti, la decisione di se e quando convertire o esercitare il warrant compete all'investitore; non è possibile, pertanto, conoscere alla data dell'operazione sul capitale, in maniera precisa, il totale delle azioni collocate e neppure calcolare esattamente il valore delle due attività. Pertanto, per la loro valutazione, s'introducono due ipotesi semplificatrici:

- La prima assume che le obbligazioni siano convertite immediatamente e i warrant siano esercitati alla scadenza.

- La seconda assume che il costo di sottoscrizione delle convertibili sia versato immediatamente e il prezzo di esercizio dei warrant sia versato alla loro scadenza.

Esempio

La società Delta delibera di aumentare in forma mista il capitale sociale emettendo a 30,00 euro una azione nuova ogni 6 azioni vecchie possedute (aventi valore nominale di 10,00 euro), e offrendo una azione nuova gratis ogni 6 azioni vecchie possedute.

Tenuto conto che il prezzo di mercato delle azioni Delta prima dell'aumento del capitale è di 72,00 euro, il valore optato teorico delle azioni Delta si determina come segue:

$$\text{PTAex} = ((6 * 72) + (1 * 30{,}00)) / (6 + 1 + 1) =$$
$$432 / 8 = 57{,}75$$

Dalla differenza tra il prezzo di mercato prima dell'aumento del
capitale e il valore optato teorico, si determina il valore DOTtot, che è pari alla somma del diritto d'opzione per la parte a pagamento dell'aumento del capitale e del diritto di assegnazione per la parte gratuita dell'aumento del capitale:

DOTtot = 72,00 euro - 57,75 euro = 14,25 euro

Per scorporare dal valore così ottenuto i valori teorici del diritto di opzione e del diritto di assegnazione gratuita sono necessarie le seguenti formule:

Nel caso del diritto d'opzione si utilizza

$$\text{DOTpag} = (1 * (57,75 - 30,00)) / 6 = 4,625$$

Nel caso del diritto di assegnazione gratuita si utilizza:

$$\text{DOTgr} = (1 * 57,75) / 6 = 9,625$$

Da cui, di nuovo:

$$\text{DOTtot} = 4,625 + 9,625 = 14,25 \text{ euro}$$

Il Diritto di Opzione

Il diritto di opzione è il diritto dei soci attuali di venire preferiti a terzi nella sottoscrizione di aumento del capitale sociale a pagamento. La disciplina del diritto di opzione è regolata dall'art. 2441 del Codice civile. Secondo il Codice, l'oggetto del diritto di opzione è rappresentato "dalle azioni di nuova emissione" e "dalle obbligazioni convertibili in azioni" che sono emesse dalla società.

- Il diritto di opzione spetta a ogni azionista, in maniera proporzionale al numero di azioni da esso già possedute.

La società ha l'obbligo di concedere un termine per l'esercizio del diritto, non inferiore a trenta giorni, mentre in caso di società quotate il termine minimo è di quindici giorni, come previsto dall'art. 134 del T.u.f.
I quindici giorni devono essere calcolati dalla pubblicazione dell'offerta sul sito internet della società, e non dal deposito dell'offerta nel registro delle imprese, come, invece, accadeva in passato. I soci possono, tuttavia, decidere all'unanimità di rinunciare a tale termine. In caso vi siano azioni rimaste non optate, gli amministratori sono obbligati a seguire particolari procedure, non essendo essi liberi di collocarle secondo il proprio piacimento.

- Se si tratta di azioni non quotate, chi ha esercitato il diritto di opzione gode del diritto di prelazione sulle azione inoptate, ma solo se ne fa richiesta al momento dell'esercizio del diritto di opzione.

- In caso di azioni quotate, gli amministratori, per conto della società, devono offrire sul mercato regolamentato i diritti di opzione residui; il ricavato andrà a far parte del patrimonio sociale.

Qualora gli azionisti non esercitino il diritto di prelazione o tali diritto rimangano invenduti sul mercato regolamentato, le azioni di nuova emissione possono venire collocate senza alcuna restrizione. Il diritto di opzione può essere escluso:

- Ex lege se le azioni di nuova emissione, secondo la delibera di aumento del capitale, devono essere liberate mediante conferimenti in natura. In questo caso, notiamo che la società può aver bisogno, più che di denaro, di conferimenti in natura, come potrebbero essere terreni o capannoni. In tal caso, si mira ad attrarre soci che dispongano di tali beni e ciò spiega l'esclusione dell'opzione. Quando il conferimento è dovuto in natura, è quindi automaticamente escluso il diritto di opzione. Sarà ovviamente necessaria una relazione degli amministratori che esponga le ragioni della scelta sui conferimenti in natura e, in ogni caso, i criteri adottati per la determinazione del prezzo di emissione.

- Nelle società con azioni quotate, lo statuto può prevedere l'esclusione del diritto di opzione nella misura del 10% del capitale sociale preesistente, a patto che il prezzo di emissione corrisponda al valore di mercato delle azioni e ciò sia confermato in apposita relazione dal revisore legale o dalla società di revisione legale (art. 2441, 4° comma).

- Per quanto statuito dal comma 5° dell'art. 2441, cioè quando l'interesse della società lo esige. In questo caso la relazione degli amministratori dovrà spiegare le ragioni dell'esclusione o della limitazione.

- Il comma 8° prevede inoltre l'esclusione del diritto, limitatamente a un quarto delle azioni di nuova emissione, se, a seguito di delibera dell'assemblea straordinaria, le azioni di nuova emissione sono offerte in sottoscrizione ai dipendenti della società o di società che la controllano o che sono da essa controllate. L'esclusione dell'opzione in misura superiore al quarto deve essere approvata con la maggioranza prescritta per le assemblee straordinarie.

Secondo il comma 7° dell'art. 2441, non si può limitare o escludere il diritto di opzione quando la delibera preveda che le azioni siano sottoscritte da investitori professionali, come le banche o le Sim, oppure da altri soggetti autorizzati all'esercizio dell'attività di collocamento di strumenti finanziari. In questo caso si stabilisce che tali soggetti sottoscrivano le azioni al fine di far esercitare, poi, il diritto di opzione ai soci. Si parla in questi casi di opzione indiretta; nel periodo di detenzione delle azioni offerte agli azionisti e comunque fino a quando non sia stato esercitato il diritto di opzione, i medesimi soggetti non possono esercitare il diritto di voto.

Le spese dell'operazione sono a carico della società e la delibera di aumento del capitale deve indicarne l'ammontare. La relazione deve essere comunicata dagli amministratori al collegio sindacale o al consiglio di sorveglianza e al soggetto incaricato del controllo contabile almeno trenta giorni prima di quello fissato per l'assemblea. Entro quindici giorni il collegio sindacale deve esprimere il proprio parere sulla congruità del prezzo di emissione delle azioni.

La delibera determina il prezzo di emissione delle azioni in base al valore del patrimonio netto, tenendo conto, per le azioni quotate in mercati regolamentati, anche dell'andamento delle quotazioni nell'ultimo semestre.

- Il diritto di opzione è, quindi, quel diritto di prelazione attribuito ai vecchi azionisti sui nuovi titoli emessi dalla società a seguito di operazioni di aumento di capitale a pagamento e consente ai soci di mantenere inalterata la percentuale di partecipazione al capitale sociale e ai possessori di obbligazioni convertibili di mantenere inalterato il rapporto di cambio.

Il diritto d'opzione compensa, in tutto o in parte, l'azionista che non sottoscrive, da eventuali perdite patrimoniali subite per l'operazione sul capitale. L'azionista della società, infatti:

- Può decidere di sottoscrivere le nuove azioni, esercitando il diritto di opzione.

- Può vendere sul mercato il diritto di opzione relativo in modo da compensare la perdita di valore delle sue azioni.

Di fronte a queste due possibilità, sottoscrivere le nuove azioni oppure vendere sul mercato i diritti di opzione, la scelta dipende in genere da considerazioni relative al livello di appetibilità dell'investimento, in considerazione del fatto che una società delibera, in genere, un aumento di capitale a pagamento essenzialmente per due ragioni:
- Fabbisogno di liquidità per investimenti.
- Ricostituzione del capitale sociale a causa di una situazione finanziaria negativa.

La decisione dipende dal "costo effettivo" dell'operazione ossia dalla convenienza dell'esercizio del diritto che viene assegnato proporzionalmente a ciascun azionista. Infatti, a seconda del prezzo a cui la cessione può essere conclusa il titolare del diritto può decidere se:
- Esercitare il diritto, nel caso in cui il prezzo di mercato sia inferiore al valore teorico.
- Vendere il diritto, nel caso in cui il prezzo di mercato sia superiore al valore teorico.

Il calcolo del valore teorico del diritto, quindi, assume un ruolo fondamentale per la corretta interpretazione e gestione di un aumento di capitale. Il valore teorico del diritto non è altro che l'esatto ammontare che compensa l'azionista dalla riduzione di prezzo che le azioni subiscono in conseguenza della ricapitalizzazione.

- Pertanto, se l'aumento di capitale è finalizzato a finanziare nuovi investimenti, che presumibilmente condurranno a una crescita dell'impresa, allora si dovrebbe avere in futuro un effetto positivo sul valore dell'azione, rendendo quindi l'investimento conveniente.

- In caso contrario, ossia se si procede all'aumento di capitale per risollevare una situazione finanziaria negativa, è ragionevole supporre che, dato l'aumento di rischiosità dell'investimento, sia conveniente per l'azionista decidere di cedere i diritti di opzione e non investire altro capitale in quella società.

Coloro che esercitano il diritto di opzione, purché ne facciano contestuale richiesta, hanno diritto di prelazione nell'acquisto delle azioni e delle obbligazioni convertibili in azioni che siano rimaste non optate. Se le azioni sono quotate sui mercati regolamentati, i diritti di opzione non esercitati devono essere offerti nel mercato regolamentato dagli amministratori, per conto della società, per almeno cinque riunioni, entro il mese successivo alla scadenza del termine stabilito a norma del secondo comma.

- Si definisce Rapporto di opzione il valore indicante la quantità di nuove azioni che si possono sottoscrivere in base al numero di vecchie azioni possedute.

Ad esempio, la società Alfa ha un capitale sociale di 900.000 euro suddiviso in 300.000 azioni del valore nominale di 3 euro ciascuna.

Delibera un aumento di capitale di 300.000 euro con emissione di 100.000 nuove azioni.

Rapporto di opzione =

Nuove azioni / Vecchi azioni =

100.000 / 300.000 = 1 / 3

Il che significa che possono essere sottoscritte 1 nuova azione ogni 3 già possedute.

Definiamo ora con:

- PAcum - la quotazione cum del titolo comprensiva del diritto di opzione (quotazione di mercato antecedente l'aumento di capitale).
- PTAex - la quotazione ex ossia il prezzo privo del diritto di opzione (quotazione teorica post l'aumento di capitale).

Il valore del diritto di opzione VDT, valore di equilibrio o parità teorica che può anche divergere dal valore di mercato o di negoziazione del diritto di opzione, si ottiene dalla differenza tra la quotazione delle vecchie azioni (PAcum) e il prezzo delle azioni dopo l'aumento di capitale (PTAex):

VDT = PAcum – PTAex

Per determinare la parità teorica o valore d'equilibrio del diritto si deve considerare che "vecchie" e "nuove" azioni attribuiscono diritti identici e, quindi, devono avere un unico prezzo dopo l'aumento di capitale. Infatti, se così non fosse si potrebbe realizzare un semplice arbitraggio vendendo quella con la quotazione maggiore e acquistando quella con il corso di borsa inferiore.

Il nuovo prezzo di equilibrio dell'azione, o valore teorico post aumento, PTAex si calcola mediante la seguente equazione:

$$PTAex =$$
$$[(NAV \times PAcum) + (NAN \times CS)] / (NAV + NAN)$$

dove:
- NAV = numero di azioni vecchie (esistenti prima dell'aumento di capitale).
- NAN = numero di azioni nuove emesse.
- CS = costo di sottoscrizione delle azioni emesse.

Il valore d'equilibrio o parità teorica del diritto può anche essere ottenuto come differenza tra PTAex e CS, per il valore del rapporto (NAN/NAV):

$$VDT = (PTAex - CS) \times (NAN/NAV)$$

Il diritto d'opzione ha valore per l'azionista, ossia la sua parità teorica VDT è maggiore di zero, se il prezzo di emissione è inferiore alla quotazione corrente.

Infatti, in tale ipotesi, il nuovo prezzo d'equilibrio (o teorico) del titolo è minore della sua quotazione cum.

Riassumendo:

- Il valore di equilibrio del diritto di opzione è maggiore di zero, se il costo di sottoscrizione del titolo è inferiore alla sua quotazione cum:

VDT > 0 se CS < Pacum.

- Se il costo di sottoscrizione è inferiore alla quotazione cum anche il prezzo ex di equilibrio è minore della quotazione cum:

PTAex < PAcum se CS < PAcum.

Il secondo punto chiarisce perché dopo l'aumento del capitale, la quotazione del titolo è minore di quella antecedente l'inizio dell'operazione. La flessione, a parità di altre condizioni, ha origine nella prassi di emettere titoli a un prezzo inferiore alla quotazione cum.

Il limite inferiore posto dall'ordinamento è il valore nominale per evitare "l'annacquamento del capitale"; il capitale sociale in bilancio ha un valore che non corrisponde alla somma incassata dalla società emittente.

Va precisato comunque che il valore teorico del diritto, il coefficiente di rettifica del prezzo dell'azione e il relativo prezzo rettificato vengono comunicati da Borsa Italiana il giorno antecedente all'inizio dell'aumento di capitale a mercati chiusi (normalmente alle ore 18,00).

I calcoli sono effettuati dall'AIAF, l'Associazione Italiana degli Analisti Finanziari.

Esempio

La società Alfa delibera di aumentare il capitale sociale emettendo alla pari, ossia al valore nominale, una azione nuova ogni 4 azioni vecchie possedute (aventi valore nominale di 10,00 euro).

Tenuto conto che il prezzo di mercato delle azioni Alfa prima dell'aumento del capitale è di 17,00 euro, il valore optato teorico delle azioni Alfa si determina come segue:

$$PTAex = ((4 * 17) + (1 * 10,00)) / (4 + 1) = 78 / 5 = 15,60$$

Da cui il valore teorico del diritto d'opzione:

$$VDT = PAcum - PTAex = 17,00 - 15,60 = 1,40$$

Rapporto fra diritto d'opzione e sovrapprezzo

L'imposizione di un sovrapprezzo tende a ridurre il valore del diritto di opzione influenzandone, in primo luogo, l'esercizio. Infatti, l'esercizio del diritto di opzione è tanto più oneroso quanto più elevato è il sovrapprezzo, con chiare conseguenze sulla conservazione della quota di partecipazione sociale.

L'imposizione di un sovrapprezzo tende, altresì, a ridurre il valore del diritto di opzione influenzandone il trasferimento. Infatti:

- Quanto più il valore di emissione di avvicina al valore di mercato dell'azione, tanto più diminuisce il prezzo che il potenziale investitore sarebbe disposto a pagare per acquistare tale diritto.

- Quanto maggiore è il divario tra il prezzo di emissione delle nuove azioni e il prezzo di mercato delle stesse, tanto più è elevato il valore del diritto di opzione.

Ai fini del calcolo del valore del diritto di opzione, si ipotizzino i seguenti dati della società Alfa alla data del 31.12.'X3:

- Patrimonio netto: PN = € 220.000
- Riserve: R = € 20.000
- Capitale sociale: CS = € 200.000
- Numero azioni: N1 = € 200.000
- Valore nominale azione: Pn = € 1

- Valore contabile azione:

$$Vc = Mezzi\ propri\ /\ n.\ azioni =$$
$$220.000\ /\ 200.000 = €\ 1,1$$

Al 03.01.'X4 la società Alfa delibera un'operazione di aumento a pagamento del capitale azionario per € 100.000 con emissione alla pari.
Si avrà dunque:
- Patrimonio netto 03.01.'X4: PN = € 320.000
- Riserve: R = € 20.000
- Capitale sociale: CS = € 300.000
- Numero azioni vecchie: N1 = 200.000
- Numero azioni nuove: N2 = 100.000
- Valore nominale azione: Pn = € 1
- Valore contabile azione:

$$Vc' = Mezzi\ propri\ /\ n.\ azioni =$$
$$320.000\ /\ 300.000 = €\ 1,06$$

Si avrà dunque che:
- L'azionista con 2 azioni che esercita il diritto di opzione, diviene proprietario di 3 azioni di Vc' = € 1,06
- L'azionista con 2 azioni, che non esercita il diritto di opzione, perde per ciascuna azione un valore pari a:

$$Vc - Vc' = d = 1,10 - 1,06 = 0,033$$

56

Pertanto, l'azionista che non sottoscrive la nuova azione deve vendere il diritto di opzione a un prezzo pari alla perdita subita:

"Valore teorico del diritto di opzione" =

1,10 – 1,06 = 0,033

E, infatti, il nuovo azionista, acquistando il diritto di opzione, acquista due azioni, e paga € 1,066 di cui € 1 alla società e 0,066 euro al vecchio azionista (0,033 x 2).

Ipotizziamo, invece, adesso che al 03.01.'X4 l'operazione di aumento a pagamento del capitale azionario per € 100.000 sia avvenuta con sovrapprezzo di € 5.000.
Si avrà dunque:

- Patrimonio netto 03.01.'X4: PN = € 325.000
- Riserve: R = € 20.000
- Capitale sociale: CS = € 300.000
- Riserva sovrapprezzo azioni: Rs = € 5.000
- Numero azioni vecchie: N1 = 200.000
- Numero azioni nuove: N2 = 100.000
- Valore nominale azione: Pn = € 1
- Prezzo di emissione: Pe = € 1,05
- Valore contabile azione:

Vc' = Mezzi propri / n. azioni =

325.000 / 300.000 = € 1,083

In questo caso di emissione con sovrapprezzo, l'azionista con 2 azioni, esercitando il diritto di opzione, diviene proprietario di 3 azioni di Vc' = 1,083.

Diversamente, se vende il diritto di opzione perde per ciascuna azione un importo pari al cosiddetto "Valore teorico del diritto di opzione", vale a dire:

$$Vc - Vc' = d = 1,10 - 1,083 = 0,016$$

E, infatti, il nuovo azionista che, acquistando il diritto di opzione acquista due azioni, paga € 1,083 di cui € 1,05 alla società e € 0,033 al vecchio azionista (0,016 x 2).

Si può dunque concludere che il valore teorico del buono di opzione (B) è funzione:

- Del rapporto di cambio tra vecchie (N1=2) e nuove (N2=1) azioni
- Della differenza tra il valore delle vecchie azioni (Vc= 1,1) e il prezzo di emissione (Pe=1,05) delle nuove azioni:

$$B = N2(Vc - Pe) / N1 + N2 =$$
$$(1,1 - 1,05) / (2 + 1) =$$
$$0,016$$

Calcoliamo adesso la parità teorica del diritto di opzione utilizzando la seguente formula:

$$V0 = n1 * (V\ m - Ve) / (n1+n2)$$

dove:

- V0= valore del diritto di opzione.
- Ve= valore di emissione nuove azioni.
- Vm= valore di mercato vecchie azioni.
- n1= numero azioni vecchie.
- n2= numero azioni nuove.

Esempio

Ipotizziamo che un'azionista possegga un pacchetto di:
- 6.000 azioni
- aventi valore di mercato € 1.500
- che voglia sottoscrivere (secondo il rapporto 4:1) 1.500 nuove azioni
- al prezzo di emissione € 1.200.

Applicando la formula appena vista, avremo:

$$V0 = n1 * (V m - Ve) / (n1+n2) =$$
$$1*(1.500 - 1.200) / (4 + 1) =$$
$$300 / 5 = 60 \text{ euro}$$

Ciò si spiega con il fatto che il socio, prima dell'aumento, possedeva un pacchetto di valore pari a:

$$6.000 \text{ x } € 1.500 = € 9.000$$

Il valore che sul mercato si afferma dopo l'emissione sarà pari a:

$$((Pm*n1) + (Pe*n2)) / (n1 + n2) =$$
$$((1.500*4) + (1.200*1)) / (1 + 4) =$$
$$(6.000 + 1.200) / 5 = 7.200 / 5$$
$$= 1.440 \text{ euro}$$

A seguito dell'aumento, se il socio non sottoscrive, subirà una perdita misurata dal diminuito valore delle sue azioni:

$$6.000 \times € 1.440 = €8.640$$

Quindi:

$$€9.000 - €8.640 = € 60$$

Che è proprio il valore della perdita di cui deve rifarsi attraverso la cessione del diritto di opzione.

Esempio 1 - Aumento di capitale a pagamento

Si ipotizzi il caso di una società con un capitale sociale suddiviso in 1.000 azioni del valore nominale di 100 euro, la cui quotazione di mercato è pari a 150 euro.
Il capitale sociale è quindi pari a 100.000 (1.000 x 100) euro, mentre il suo valore di mercato (o capitalizzazione) è pari a 150.000 euro (1.000 x 150).
Ipotizziamo che la società decida di raddoppiare il capitale sociale, offrendo 1 nuova azione ogni azione vecchia posseduta; pertanto vengono emessi 1.000 nuovi titoli al prezzo di sottoscrizione di 130 euro.
Per trovare il prezzo teorico di equilibrio delle azioni, successivo all'aumento di capitale, si applica la formula:

$$PTAex = [(NAV \times PAcum) + (NAN \times CS)] / (NAV + NAN)$$

dove:
- PTAex è il prezzo teorico di equilibrio.
- NAV è il numero delle azioni vecchie.
- PAcum è il prezzo di mercato.
- NAN è il numero di azioni nuove.
- CS è il prezzo di sottoscrizione.

Sostituendo opportunamente i valori si ottiene:

$$PTAex = [(1.000 \times 150) + (1.000 \times 130)] / (1.000+1.000)$$
$$= 140 \text{ euro}$$

Pertanto, dopo l'aumento di capitale si ha la seguente situazione:

- Capitale sociale = 200.000 euro.
- Numero titoli = 2.000.
- Valore nominale unitario = 100 euro.
- Prezzo di mercato = 140 euro.
- Valore di mercato del capitale sociale = 280.000 euro.

Si consideri ora il caso di un azionista che, prima dell'operazione sul capitale possedeva una partecipazione del 10%, ovvero 100 azioni, del valore di 15.000 euro (100 x 150).

L'azionista ha di fronte a sé due possibilità:

- 1ª possibilità: l'azionista mantiene la sua quota di partecipazione al 10%, sottoscrivendo l'aumento di capitale, 100 nuove azioni al prezzo di sottoscrizione di 130, ed esercitando il diritto di opzione.

  Pertanto, dopo l'operazione l'azionista ha 200 titoli e il valore totale della partecipazione è pari a 28.000 euro.

- 2ª possibilità: l'azionista non aderisce all'aumento di capitale.

  In questo caso, la sua partecipazione si riduce dal 10% al 5% mentre il valore della sua partecipazione si riduce da 15.000 a 14.000 euro, con una perdita di 1.000 euro. Tale perdita è, in tutto o in parte, recuperata attraverso la vendita del diritto d'opzione, che viene attribuito ai vecchi azionisti, un diritto per ogni azione, in tutto 100 diritti.

Nel caso in cui il prezzo del diritto è pari a 10 euro l'azionista non subisce alcun danno, poiché dalla vendita guadagna 1.000 euro.

Si nota che il vecchio azionista è pienamente compensato se il prezzo del diritto di opzione è pari alla differenza tra il prezzo di mercato ex-ante (150) e quello d'equilibrio ex-post (140) dell'azione.

Continuando nell'esempio, abbiamo quindi i seguenti dati:

- PAcum = 150 euro: prezzo di mercato dell'azione prima dell'aumento di capitale.
- CS = 130 euro: costo di sottoscrizione o prezzo di emissione delle nuove azioni.
- PTAex = 140 euro: nuovo prezzo d'equilibrio post aumento di capitale.
- VDT = 10 euro: valore teorico del diritto di opzione, calcolato come differenza tra prezzo di mercato ante aumento e prezzo d'equilibrio post aumento di capitale.

Si intuisce facilmente che nel caso in cui il prezzo di emissione coincide con quello di mercato ante aumento, il nuovo prezzo di equilibrio post aumento è uguale a quello ante e il diritto di opzione vale zero.

Ricordiamo che il valore teorico del diritto di opzione (VDT) può divergere dalla sua effettiva quotazione di mercato (VDM) e che la relazione tra i due valori deve essere considerata per decidere se cedere il diritto e acquistare l'azione oppure se esercitare il diritto di prelazione.

- Se il valore di mercato del diritto (VDM) è superiore al valore teorico (VDT), il socio vende il diritto e acquista l'azione mentre il non socio, che desidera detenere l'azione, non acquista il diritto di prelazione ma compra il titolo direttamente sul mercato.

- Se invece il valore di mercato (VDM) quota sotto il valore teorico (VDT), le indicazioni saranno opposte a quelle appena descritte.

Chiariamo quanto detto con un esempio, supponendo, in aggiunta ai dati precedenti, che: VDM = 12 euro (valore di mercato del diritto di opzione).

Pertanto, poiché VDT è pari a 10 euro, siamo nel caso di prezzo di mercato maggiore del valore teorico:

VDM > VDT

Il socio, quindi, avrà convenienza a vendere il diritto e acquistare l'azione sul mercato, riducendo così il costo di acquisizione del titolo al di sotto del prezzo di sottoscrizione. In questo modo, invece di pagare per ogni azioni 130 euro (costo di sottoscrizione dato dall'esercizio del diritto), pagherà 128 euro, che è pari alla differenza tra il prezzo post aumento di capitale, a cui si acquista il titolo sul mercato, e il valore di mercato del diritto di opzione lucrato con la vendita del diritto stesso: (140 - 12).

Il potenziale azionista, a sua volta, acquisterà direttamente l'azione sul mercato pagando 140 euro, somma inferiore a quella che sborserebbe se comprasse prima il diritto (12 euro) e poi lo esercitasse pagando il prezzo di sottoscrizione (130 euro); infatti, pagherebbe in totale 142 euro.

Esempio 2 - Aumento di capitale a pagamento

La società Alfa ha il capitale sociale suddiviso in 100 quote dal valore nominale di 10 euro e quotate al prezzo di 20 euro.

Abbiamo quindi:

- Capitale sociale = 1.000 euro
- Numero Azioni = 100
- Valore nominale unitario = 10 euro
- Prezzo = 20 euro
- Valore di mercato del capitale sociale = 2.000 euro

La società decide di raddoppiare il capitale sociale offrendo 1 azione "nuova" ogni "vecchia" posseduta, con emissione di 1.000 nuovi titoli al prezzo di 15 euro.

Avremo quindi:

- Numero nuove azioni = 1.000
- Valore nominale unitario = 10 euro
- Prezzo di emissione = 15 euro

Dopo l'aumento di capitale, il prezzo di mercato in equilibrio del titolo è di 17,5 euro; infatti:

[(numero azioni vecchie * prezzo) + (numero azioni nuove * prezzo di sottoscrizione)] / numero totale azioni =

[(1.000 * 20) + (1.000 * 15)] / 2.000 = 17,5 euro

Dopo l'aumento di capitale si ha:

- Capitale sociale = 2.000 euro
- Numero azioni = 200
- Valore nominale unitario = 10 euro
- Prezzo = 17,5 euro
- Valore di mercato del capitale sociale = 3.500 euro

Prima dell'operazione sul capitale, l'azionista Mario possedeva una quota del 10% .

- Numero azioni = 10
- Valore della partecipazione = 200 euro
- % di partecipazione = (200 / 2.000) = 10%

L'azionista Mario ha di fronte a sé due possibilità:

- 1^a possibilità: l'azionista decide di mantenere la quota di partecipazione del 10% e sottoscrive l'aumento di capitale (10 nuove azioni al prezzo di sottoscrizione di 15) esercitando il diritto d'opzione. La sua posizione diventa:
  - ➢ Numero azioni = 20
  - ➢ Valore della nuova partecipazione = 15 x 10 = 150 euro
  - ➢ Valore totale della partecipazione = ("vecchia" + "nuova") = 200 + 150 = 350 euro
  - ➢ % di partecipazione = (350 / 3.500) = 10%

- 2^a possibilità: l'azionista decide di non fare l'aumento di capitale. La sua posizione diventa:

- ➢ Numero azioni = 10
- ➢ Valore totale della partecipazione = (10 x 17,5) = 175 euro
- ➢ % di partecipazione = (175 / 3.500) = 5%

Se l'azionista non fa l'aumento di capitale vede, quindi, diminuire il valore % della partecipazione e subisce una perdita patrimoniale di 25 euro:

Valore della partecipazione ante aumento di capitale -

Valore della partecipazione post aumento di capitale =

[(10 x 2) = 200 euro] – ((10 x 17,5) = 175 euro] =

25 euro

L'azionista che non sottoscrive, recupera, in tutto o in parte, la perdita vendendo il diritto d'opzione a chi, già azionista o vuole diventarlo, desidera fare l'aumento.
Se il diritto quota 2,5 euro, l'azionista non subisce alcun danno.
Valore della partecipazione post aumento di capitale:

(10 x 17,5) = 175 euro

Ricavo vendita diritto d'opzione:

(10 x 2,5) = 25 euro

L'esempio chiarisce che:

- Il vecchio azionista, che non sottoscrive, subisce una perdita patrimoniale se il prezzo di sottoscrizione delle nuove azioni è inferiore a quello di mercato: 15 euro contro 20 euro.
- Il vecchio azionista è pienamente compensato se cede il diritto d'opzione a un valore pari alla differenza tra il prezzo di mercato ex-ante e quello d'equilibrio ex-post dell'azione:

$$20 - 17,5 = 2,5$$

Conoscere la parità teorica (DOT) aiuta a decidere se cedere il diritto e acquistare l'azione ex oppure se conviene esercitare la prelazione.

- Se il diritto quota (DO) sopra la parità teorica (DOT), il socio vende e acquista l'azione.
- Allo stesso modo, il non socio che desidera possedere l'azione, non acquista la prelazione e negozia il titolo nel mercato.
- Le indicazioni sono opposte se il diritto quota sotto la parità.

Esempio 3 - Aumento di capitale a pagamento

Siano dati:
- DOT = valore di parità teorica del diritto d'opzione = 2,5 euro
- DO = prezzo di mercato del diritto d'opzione = 2,8 euro
- CS = costo di sottoscrizione della nuova azione = 15 euro
- PA = prezzo di mercato delle azioni = 17,5 euro

Il prezzo di mercato del diritto è maggiore della parità teorica :

DO > DOT ossia 2,8 euro > 2,5 euro

Il socio vende il diritto e acquista l'azione sul mercato.
La scelta riduce il costo di acquisizione del titolo (14,7 euro) sotto il costo di sottoscrizione (15 euro).
Costo acquisizione nuova azione:
- in caso di esercizio del diritto: 15 euro.
- in caso di cessione del diritto e acquisto dell'azione: (17,5 - 2,8) = 14,7 euro.

Il "non socio" acquista l'azione e non il diritto.
La scelta riduce il costo di acquisizione del titolo (17,5 euro) a una somma inferiore al totale del prezzo del diritto (2,8 euro) e del costo di sottoscrizione (15 euro).

Costo acquisizione nuova azione:

- in caso di acquisto del diritto e sottoscrizione: (2,8 + 15) = 17,8 euro.
- in caso di acquisto dell'azione nel mercato: 17,5 euro.

Per determinare la parità teorica o valore d'equilibrio del diritto è necessario considerare che le "vecchie" e le "nuove" azioni attribuiscono diritti identici (sono "la stessa cosa") e, quindi , devono avere un unico prezzo ex.

- Se così non fosse si potrebbe realizzare un profitto con un semplice arbitraggio: si vende quella con la quotazione maggiore e si acquista quella con il corso di borsa inferiore.

Immutate le altre condizioni, si può stimare il prezzo ex ponderando il prezzo delle "vecchie" azioni con il costo di sottoscrizione delle "nuove".

$$PTAex = [(NVA * PA\ cum) + (NAN * CS)] / (NAV + NAN)$$

Con:

- PTAex = prezzo teorico dell'azione dopo l'aumento di capitale (l'azione è priva del diritto d'opzione)
- NVA = numero di azioni "vecchie" (esistenti prima dell'aumento di capitale)
- PAcum = prezzo di mercato dell'azione prima dell'aumento di capitale (l'azione ha il diritto d'opzione)

- NAN = numero di azioni "nuove" (emesse)
- CS = costo di sottoscrizione delle azioni emesse.

Il valore d'equilibrio o parità teorica del diritto può essere ottenuto in due diversi modi:
- Come differenza tra PA cum e PTA ex
- Come differenza tra PTA ex e CS, per il valore del rapporto (NAN / NAV)

$$DOT = PA \ cum - PTA \ ex$$

oppure

$$DOT = (PTA \ ex - CS) \ x \ (NAN/NAV)$$

Con i dati dell'esempio si ha:

$$PTA \ ex = [(100 \ x \ 20) + (100 \ x \ 15)] \ / \ (100 + 100) = 17,5 \ euro$$

$$DOT = (20 - 17,5) = 2,5 \ euro$$

$$DOT = (17,5 - 15) \ x \ (1/1) = 2,5 \ euro$$

Esempio 4 - Aumento di capitale a pagamento

La società Alfa annuncia un'operazione in cui agli azionisti esistenti, che possiedono in totale 62 milioni di titoli, che sul mercato fino a ieri quotavano 3 €, viene data la possibilità di sottoscrivere 7 azioni ogni 30 possedute, al prezzo unitario di sottoscrizione di 2,50 €.
Il mercato reagisce negativamente all'annuncio, e il titolo perde il 5% del valore di colpo.
Ricapitolando:

- Numero di azioni esistenti = n = 62.000.000
- Prezzo di mercato delle azioni = p = 3 €
- Rapporto di sottoscrizione = α = 7/30 = 0,233
- Prezzo di sottoscrizione = $\dot{p}s$ = 2,5 €/azione

Sapendo che il mercato reagisce negativamente all'annuncio con una perdita del 5% del valore, il prezzo del titolo dopo l'annuncio sarà:

$p1 = 0,95*p = 0,95*3 = 2,85$ €/azione

Calcoliamo:

- La raccolta di capitale prevista nell'operazione.

Per calcolare la raccolta di capitale K prevista bisogna calcolare quante saranno le azioni di nuova emissione e moltiplicarle per il prezzo di sottoscrizione. Pertanto:

$$K = \alpha * n * ps =$$

$$0,233 * 62.000.000 * 2,50 =$$

$$36.115.000 \text{ di euro}$$

- Il prezzo ex teorico delle azioni e il valore teorico del diritto di sottoscrizione.

Determiniamo ora il prezzo ex teorico delle azioni e il valore teorico del diritto di sottoscrizione. Supponiamo che un azionista prima dell'operazione possedesse 30 azioni per un valore di:

$$30 \text{ azioni} * 2,85 \text{ €/azione} = 85,50 \text{ euro}$$

Per ogni 30 azioni possedute ne può sottoscrivere 7 nuove al prezzo ṗs = 2,50 €/azione. Se decide di aderire allora spenderà:

$$7 \text{ azioni} * 2,50 \text{ €/azione} = 17,50 \text{ euro}$$

Il valore delle azioni, una volta completata l'operazione dovrà essere pari alla somma dell'ammontare investito (17,50 €) e della ricchezza prima detenuta (85,50 €). Quindi:

$$85,50 + 17,50 = 103 \text{ euro}$$

Risulterà dunque che il valore del prezzo 'teorico' del titolo è:

103 / (30 + 7) = 103 / 37 = 2,7838 euro per azione

Di conseguenza, il valore teorico del diritto sarà pari a:

2,85 − 2,7838 = 0,0662 euro

- Cosa potrebbe fare un piccolo azionista, che detiene oggi 10.000 azioni, per arrivare, dopo l'operazione, a detenere non più di 12.000 azioni, e calcolare l'investimento necessario.

L'azionista detiene 10.000 azioni e questo, evidentemente, gli dà il possesso di 10.000 diritti. Sappiamo che però non vorrà sottoscrivere tutto l'aumento di capitale di suo diritto, ma solo la quota-parte che gli consente di avere 2.000 azioni in più.
Calcoliamo, anzitutto, quanti diritti (in totale D) si devono utilizzare per sottoscrivere 2.000 azioni.
Per fare questo basterà dividere il numero di azioni (2.000) per il rapporto di sottoscrizione α. Ci servono dunque:

D = numero azioni / α = 2.000 / 0,233 = 8.571 diritti

L'esborso totale K da sostenere sarà:

$$K = p * D * \alpha =$$
$$2,5 * 8.571 * 0,233 = 4.992,60 \text{ euro}$$

Questo in parte potrà essere finanziato con la vendita dei diritti in eccesso, che non servono per sottoscrivere le nuove azioni. Infatti, l'azionista avrà:

$$(10.000 - 8.571) * 0,0662 =$$
$$1.429 * 0,0662 = 94,60 \text{ euro}$$

L'azionista dovrà, quindi, investire:

$$4.992,60 - 94,60 = 4.898 \text{ euro}$$

Esempio 5 - Aumento di capitale a pagamento

La società Beta intende finanziare i suoi progetti futuri di investimento con un aumento di capitale a pagamento.

La società ha un capitale composto da 44 milioni di azioni, che sul mercato valgono 5 euro. Agli azionisti esistenti verrà offerta l'opportunità di sottoscrivere 3 nuove azioni ogni 11 possedute, a un prezzo di 4 euro.

Ricapitolando:

- Numero di azioni esistenti = n = 44.000.000
- Prezzo di mercato delle azioni = p = 5 €/azione
- Rapporto di sottoscrizione = α = 3/11 = 0,273
- Prezzo di sottoscrizione = ps = 4 €/azione

Sapendo che sul mercato il tasso di interesse garantito dagli investimenti privi di rischio è pari al 2% annuale e che la volatilità annuale del rendimento delle azioni è pari al 18%, calcoliamo:

- La raccolta di capitale prevista nell'operazione.

  Per calcolare la raccolta di capitale attesa si moltiplicano il numero di azioni di nuova emissione per il loro prezzo di sottoscrizione:

  $$K = \alpha * n * ps = (3/11) * 44.000.000 * 4 =$$

  $$48.000.000 \text{ di euro}$$

- Il prezzo ex teorico dei titoli.

77

Il prezzo ex teorico è dato da:

$$(44.000.000 * 5) + 48.000.000 / ((3/11)$$
$$*44.000.000) + 44.000.000 =$$
$$4,786 \text{ €/azione}$$

- Il valore teorico del diritto di sottoscrizione.

Il valore teorico dei diritti si trova sottraendo al prezzo cum il prezzo ex:

$$5 - 4,786 = 0,214 \text{ €/azione}$$

- Quanto dovrebbe investire nell'operazione, al netto di eventuali introiti, un azionista che oggi detiene il 10% dei titoli e che sottoscriverà solo la metà dei diritti di sua spettanza.

Un azionista che possiede il 10% del capitale, oggi possiede 4,4 milioni di azioni, quindi gli spetteranno altrettanti diritti. Sappiamo che, però, eserciterà solamente la metà dei diritti di sua proprietà, quindi 2,2 milioni di diritti.
Essendo il rapporto di sottoscrizione pari a 3/11, potrà sottoscrivere:

$$2,2 \text{ milioni di diritti} * (3/11) = 600.000 \text{ azioni}$$

Spendendo 4 €/azione, l'investiento complessivo risulterà:

600.000 * 4 = 2.400.000 euro

Parte di tale spesa può, però, essere finanziata con la vendita dei diritti. In questo caso, potrà vendere 2,2 milioni di diritti al prezzo di 0,214 euro ciascuno, incassando complessivamente:

2.200.000 * 0,214 = 470.800 euro

Dalla differenza tra la spesa e l'incasso previsto si ottiene che dovrà investire di tasca sua:

2.400.000 – 470.800 = 1.729.200 euro

Esempio 6 - Aumento in forma mista

Si consideri il caso di una società che procede a un aumento di capitale offrendo:

- 1 nuova azione a pagamento ogni azione vecchia posseduta al costo di sottoscrizione di 2 euro
- 1 nuova azione gratis ogni azione vecchia posseduta.
- Il valore nominale dell'azione è pari a 2 euro.

Si noti fin da subito che il diritto gratuito non è negoziabile.

Si ipotizzi che il prezzo di mercato dell'azione prima dell'aumento (quotazione cum) sia pari a 10 euro; per calcolare il valore teorico dell'azione successivo all'aumento di capitale (quotazione ex) si utilizza la formula:

$$PTAex = [(NAV * PAcum) + (NANpag * CS) + (NANgr * 0)] / (NAV + NANpag + NANgr)$$

Sostituendo i valori si ottiene:

$$PTAex = [(1 \times 10) + (1 \times 2) + (1 \times 0)] / (1 + 1 + 1) =$$

$$4 \text{ euro}$$

Una volta trovato il prezzo teorico dell'azione ex, si calcolano i due diritti di opzione, quello relativo all'aumento a pagamento e quello relativo all'aumento gratuito, poiché il socio ha la facoltà di partecipare a entrambe le operazioni dell'aumento di capitale.

Per determinare il valore dei diritti si considerino le formule:

$$DOTpag = (PTAex - CS) \times (NANpag / NAV) =$$
$$= (4 - 2) / (1/1) = 2$$

$$DOTgr = (PTAex) \times (NANgr / NAV) = 4 / (1/1) = 4$$

$$DOTtot = DOTpag + DOTgr = 4 + 2 = 10 - 4 = 6$$

Nel caso in cui il socio aderisca unicamente all'aumento gratuito egli cederà il diritto di opzione a pagamento.

Come detto in precedenza, il diritto di opzione gratuito non è negoziabile, quindi il socio ritirerà le azioni gratuite per poi, se vuole, cederle sul mercato.

Si ipotizzi ora che, successivamente all'operazione, il diritto a pagamento ha un prezzo di mercato di 1,6 corrispondente a un prezzo teorico di 3,6 euro contro un prezzo di mercato di 3,7 euro.

Per ottenere il valore teorico dell'azione corrispondente alla quotazione del diritto, si utilizza l'equazione che esprime la parità teorica, utilizzando come incognita del problema PTAex:

$$1,6 = (PTAex - 2) \times (1 / 1)$$

Quindi, risolvendo rispetto a PTAex si ottiene:

$$PTAex = 2 + 1,6 = 3,6$$

Nelle condizioni sopra descritte, il prezzo di mercato dell'azione è maggiore del prezzo teorico e il diritto di opzione a pagamento è sottoquotato. Pertanto, se si vuole partecipare all'aumento di capitale è più conveniente esercitare o comprare il diritto che acquistare l'azione nel mercato.

La partecipazione all'aumento di capitale a pagamento ha un costo quantificabile in:

- Numero diritti x prezzo di mercato del diritto = 1 x 1,6 = 1,6 euro.
- Numero azioni x costo di sottoscrizione = 1 x 2 = 2 euro.
- Costo totale = 3,6 euro.

Il prezzo di mercato dell'azione è invece 3,7 euro.

Si perviene alla medesima conclusione stimando la parità teorica; si ottiene infatti:

$$DOTpag = (PTAex - CS) \times (NANpag / NAV) =$$
$$(3,7 - 2) \times (1/1) = 1,7\ euro$$

La parità teorica è superiore al prezzo di mercato, quindi il diritto è sotto quotato e conviene sottoscrivere l'aumento.

Esempio 7 - Aumento in forma mista

Si consideri il caso di una società che procede a un aumento di capitale offrendo:

- 1 azione nuova ogni 2 vecchie possedute a 8 euro
- 1 azione nuova ogni azione vecchia posseduta gratis.
- Il diritto gratuito non è negoziabile.
- Il valore nominale dell'azione è 5 euro.

Per disporre, dopo l'aumento, di un numero intero di azioni, è necessario possedere almeno due azioni "vecchie".

Se si considera il prezzo cum di 20 euro, si ha:

$$\text{PTAex} = [(2 \times 20) + (1 \times 8) + (2 \times 0)] / (2 + 1 + 2) =$$

$$9,6 \text{ euro}$$

Stimato il prezzo teorico dell'azione ex, si devono calcolare due diritti, quello relativo all'aumento a pagamento e quello gratuito.

In effetti, il socio ha la facoltà di partecipare sia all'una che all'altra parte dell'operazione sul capitale; se decide aderire solo all'aumento gratuito cede il diritto a pagamento.

Si noti che il diritto gratuito non è negoziabile; il socio ritira le azioni gratuite e, se vuole, le cede sul mercato.

$$\text{DOT(pag.)} = (9,6 - 8)(1 / 2) = 0,8$$

$$DOT(gr.) = (9,6)(1 / 1) = 9,6$$

$$DOT(tot) = 0,8 + 9,6 = 20 - 9,6 = 10,4 \text{ euro}$$

Il giorno x, il diritto a pagamento quota 0,7 corrispondente a un prezzo teorico ex di 9,4 euro contro un prezzo di mercato di 9,5 euro.
Cosa significa tutto ciò?
Come otteniamo il valore teorico dell'azione corrispondente alla quotazione del diritto?

L'equazione di partenza è quella che esprime la parità teorica con l'incognita di PTAex:

$$0,7 = (PAex - 8) \text{ x } (1 / 2)$$

Si risolve rispetto a PTAex:

$$PAex = [8 + 2 \text{ x } (0,7)] = 9,4$$

Il prezzo di mercato dell'azione è maggiore del prezzo teorico ex e il diritto a pagamento è sottoquotato.
Quindi, se si vuole partecipare all'aumento di capitale, conviene esercitare o comprate il diritto piuttosto che acquistare l'azione sul mercato.
Costo della partecipazione all'aumento di capitale a pagamento:

(numero diritti x prezzo di mercato del diritto) =

− (2 x 0,7) = 1,4 euro

(numero azioni x costo di sottoscrizione) =

= (1 x 8) = 8

costo totale = (1,4 + 8) = 9,4 euro

La quotazione di mercato dell'azione è 9,5 euro.
La conclusione è ancor più immediata se si stima la parità teorica.

D0T(pag.) = (9,5 - 8)(1 / 2) = 0,75

La parità teorica (0,75 euro) è superiore al prezzo di mercato (0,7 euro), il diritto è sottoquotato e conviene sottoscrivere.

Esempio 8 - Aumento con emissione di obbligazioni

Esaminiamo adesso l'esempio di un aumento di capitale a pagamento in forma mista, con contestuale emissione di azioni e obbligazioni convertibili.

Si consideri la seguente situazione; una società decide di effettuare un aumento di capitale offrendo ai soci:

- 2 azioni ordinarie ogni 10 azioni possedute al costo di sottoscrizione di 9 euro.

- 4 obbligazioni convertibili (rendimento 5%) ogni 10 azioni, con emissione alla pari (valore nominale dell'obbligazione) e rapporto di un'azione ogni obbligazione.

Poniamo arbitrariamente che la quotazione di mercato dell'azione prima dell'aumento di capitale sia pari a 13 euro e il valore nominale dell'obbligazione (costo di sottoscrizione) sia 11 euro.

Si inizia calcolando il prezzo teorico ex dell'azione successivo all'aumento, con l'ipotesi di conversione totale dei titoli emessi:

$$PTAex = [(13 * 10) + (2 * 9) + (4 * 11)] / (10 + 2 + 4) =$$

$$12 \text{ euro}$$

Il passo successivo, trovato il valore di PTAex, è quello di stimare i diritti relativi alla parte azionaria e a quella obbligazionaria.

$$DOTaz = (12 - 9) * (2/10) = 0,6 \text{ euro}$$

$$DOTobb = (12 - 11) * (4/10) = 0,4 \text{ euro}$$

Per il calcolo del diritto totale si attribuisce all'obbligazione il valore dell'azione ex (12 euro):

$$DOTtot = (13 - 12) = 1 \text{ euro}$$

Infine si determina il valore di parità teorica dell'obbligazione convertibile:

$$PTOex = (PTAex / CSobb) * 100 =$$
$$(12 / 11) * 100 = 109,09$$

PTOex è un valore di equilibrio perché rende indifferente convertire l'obbligazione e ottenere l'azione o non convertire l'obbligazione e acquistare l'azione direttamente sul mercato.

Vediamo la via indiretta per ottenere l'azione: esercizio del diritto di conversione e consegna dell'obbligazione.

Valore ceduto in cambio dell'azione:

$$[NO \text{ x } (VO / 100)] \text{ x } (VNO)$$

con:

- NO: numero obbligazioni.
- VO: valore obbligazioni.
- VNO: valore nominale obbligazioni.

Sostituendo:

(1 x 109,09/100) x (11) = 12 euro

Valore ricevuto in cambio della convertibile:

(Numero azioni x PTAex) = 1 x 12 = 12 euro

Esempio 9 - Aumento con emissione di obbligazioni

Si abbiano i seguenti dati relativi all'aumento di capitale con offerta di:

- 8 azioni ordinarie ogni 20 azioni ord/risp a 13,50 euro.
- 5 obbligazioni 3% ogni 20 azioni ord/risp alla pari (al valore nominale della convertibile).
- Le obbligazioni sono convertibili nel rapporto di 1 azione ogni obbligazione.

Nel calcolo del diritto dell'obbligazione si è attribuito all'obbligazione il valore dell'azione.

Il nominale dell'obbligazione è di 17,2 euro.

Come primo passo si procede al calcolo del prezzo teorico ex dell'azione, nell'ipotesi conversione totale:

$$\text{PTA ex} = (20 * 20) + (8 * 13,5) + (5 * 17,2) / (20 + 8 + 5)$$

$$=$$

$$18 \text{ euro}$$

Ottenuto il valore di PTAex, si stimano i diritti relativi alla parte azionaria e a quella obbligazionaria:

$$\text{DOTaz.} = (18 - 13,5) * (8 / 20) = 1,80$$

$$\text{DOTobbl.} = (18 - 17,2) * (5 / 20) = 0,20$$

Per il calcolo del diritto, all'obbligazione è stato attribuito il valore dell'azione (18 euro):

$$DOT = (20 - 18) = 2 \text{ euro}$$

Infine si procede a determinare il valore teorico o di parità della convertibile:

$$PTobbl. = (PTA \text{ ex} / CSobbl.) * 100 =$$
$$(18 / 17,2) * 100 = 104,65$$

PTobbl. è un prezzo d'equilibrio perché rende indifferente convertire e ottenere l'azione o non convertire e acquistare sul mercato l'azione.

Via indiretta per ottenere l'azione: esercizio del diritto di conversione e consegna dell'obbligazione.
Valore ceduto in cambio dell'azione:

$$[\text{ numero obbligazioni} * (\text{valore obbligazione} / 100)] =$$
$$(1 * 104,65) * (17,2 / 100) = 18 \text{ euro}$$

Valore ricevuto in cambio della convertibile:

$$(\text{numero azioni x prezzo teorico ex dell'azione}) =$$
$$(1 * 18) = 18 \text{ euro}$$

Esempio 10 - Aumento con emissione di obbl. e warrant

Vediamo ora un esempio di aumento di capitale a pagamento in forma mista, con contestuale emissione di azioni, obbligazioni convertibili e warrant.

Si consideri la seguente situazione iniziale in cui una società approva un aumento di capitale da effettuarsi con l'offerta di:

- 1 azione con warrant ogni 5 azioni possedute al costo di sottoscrizione di 4 euro. I 5 warrant permettono, entro il termine di 2 anni, di sottoscrivere 1 azione al prezzo di esercizio (costo di sottoscrizione) di 2 euro.

- 2 obbligazioni convertibili (tasso di rendimento nominale 2%) ogni 5 azioni possedute emesse alla pari (il costo di sottoscrizione è uguale al valore nominale delle obbligazioni, ovvero 6 euro). Ogni obbligazione convertibile può essere convertita entro 4 anni in 1 azione al valore nominale (6 euro).

Per calcolare i diritti di opzione teorici si ipotizza che l'esercizio del warrant avvenga a fine periodo.

Alla convertibile è stato attribuito il valore dell'azione corrispondente.

Si ipotizza, infine, che il valore di mercato dell'azione prima delle operazioni sul capitale sia 9 euro.

Il calcolo del valore teorico dell'azione successivo all'aumento di capitale considera il caso di conversione ed esercizio totali.

Sappiamo che servono 5 warrant per sottoscrivere 1 azione, pertanto, affinché mi vengano attribuite 5 azioni nuove, devo possedere 25 azioni vecchie.

Quindi, per fare un aumento completo si devono possedere 25 azioni vecchie, con le quali si ottengono 5 azioni nuove, 5 warrant (con i quali si ottiene 1 azione) e 10 obbligazioni convertibili. Considerando quindi il possesso di 25 azioni si ottiene il seguente prezzo teorico di equilibrio:

$$PTAex =$$
$$[25 * 9) + (5 * 4) + (10 * 6) + (1 * 2)] / (25 + 5 + 10 + 1) \approx$$
$$7{,}49 \text{ euro}$$

Trovato PTAex, si stima il valore di equilibrio del diritto di opzione dell'obbligazione convertibile:

$$DOTobb = (7{,}49 - 6) \times (10/25) \approx 0{,}6 \text{ euro}$$

Per il calcolo della parità teorica del diritto di opzione della parte azionaria DOTaz si deve considerare anche il valore del warrant, poiché la sottoscrizione delle azioni può avvenire anche con l'esercizio del warrant.

Ipotizziamo per semplicità che il valore del warrant (di solito calcolato applicando il modello di Black e Scholes), sia pari al prezzo di esercizio, ossia 2 euro.

Pertanto:

$$DOTaz =$$

$$[(7,49 - 4)(5) + (7,49 - 2)(1)] / 25 \approx$$

$$0,89 \text{ euro}$$

Sommando i due diritti si ottiene il valore del diritto di opzione totale:

$$DOTtot =$$

$$(9 - 7,49) \approx (0,6 + 0,89) =$$

$$1,49 \text{ euro}$$

Il prezzo teorico della convertibile si ottiene dal rapporto tra PTAex e il valore nominale dell'obbligazione moltiplicato per 100:

$$PTOex =$$

$$(PTAex / CSobb) \times 100 =$$

$$(7,49 / 6) \times 100 = 101,25$$

Esempio 11 - Aumento con emissione di obbl. e warrant

Vediamo ora un esempio di aumento di capitale a pagamento in forma mista, con contestuale emissione di azioni, obbligazioni convertibili e warrant.

Si consideri la seguente situazione iniziale in cui una società approva un aumento di capitale da effettuarsi con l'offerta di:

- 1 azioni ordinaria con warrant ogni 10 azioni ord./risp. a 3,6 euro. I 10 warrants possono essere utilizzati entro 3 anni, per sottoscrivere 1 azione ordinaria a 4 euro.

- 3 obbligazioni 2% ogni 10 azioni alla pari (il valore nominale delle obbligazioni è di 5,5 euro). Le obbligazioni possono essere convertite entro 5 anni in una azione ordinaria alla pari.

Nel calcolo dei diritti teorici si è ipotizzato di esercitare il warrant a fine periodo e di stimare il valore con il modello di Black e Scholes. Alla convertibile è stato attribuito il valore dell'azione corrispondente.

Si procede al calcolo del valore teorico dell'azione ex nell'ipotesi di conversione ed esercizio totali.

Per fare un aumento completo si devono possedere 100 azioni "vecchie" e si ottengono 30 azioni "nuove", 30 warrant e 30 convertibili.

Disponendo di 30 warrants e di 30 convertibili si ottengono rispettivamente 3 e 30 azioni "nuove".

In totale le azioni "nuove" sono 63 e si aggiungono alle 100 "vecchie".

$$PTA \ ex = [(100 * 7,6) + (30 * 3,6) + (30 * 5,5) + (3 * 2)]$$
$$/$$
$$(100 + 30 + 30 + 3) =$$
$$6,37 \ euro$$

Si stima la parità teorica della convertibile:

$$DOTobbl. = (6,37 - 5,5) * (30 / 100) = 0,26$$

Il calcolo del DOTaz. richiede la conoscenza del valore del warrant, perché la sottoscrizione delle ordinarie può avvenire anche con l'esercizio del warrant.
Applicato il modello di Black e Scholes, si è ottenuto per il warrant, il valore di 2 euro.

$$DOT \ az. =$$
$$[(6,37 - 3,6) * (30) + (6,37 - 2) * (3)] / 100 =$$
$$0,96$$

La somma dei diritti corrisponde al diritto totale.

$$DOT = (7,6 - 6,37) = (0,96 + 0,26) = 1,22 \ euro$$

Il prezzo teorico della convertibile è dato dal rapporto tra il prezzo ex dell'azione diviso il nominale dell'obbligazione per 100. Si ricorda che la convertibile quota, come i bond, in percentuale.

$$PTobbl.cv. = (6,37 / 5,5) * 100 = 115,82$$

E' lecito chiedersi perché l'emittente offra convertibili.

Il collocamento dell'obbligazione consente di acquisire risorse a un tasso inferiore a quello che si paga sui bond "semplici" con la possibilità di trasformare il debito, in tutto o in parte in azioni.

Il risparmiatore a sua volta, ha un tempo maggiore per decidere: acquisire le azioni convertendo, vendere il titolo o mantenerlo come pura obbligazione.

Considerazioni simili si possono fare per il warrant: lo si può esercitare o cedere sul mercato.

La regola è sempre la stessa:

- se il valore teorico è maggiore di quello di mercato conviene offrire lo strumento (convertibile o warrant)
- mentre conviene esercitare nell'ipotesi contraria.